Erwecke deine Urkraft

Buch zur Persönlichkeitsentwicklung

Pirzade Erbektaş

Copyright © 2024 by Pirzade Erbektas
Korrektur: Sabrina Bertsch

ISBN: 9783758324062

Herstellung und Verlag: BoD – Books on Demand, Norderstedt

THEMEN

Vorwort

Warum habe ich das Bedürfnis, dieses Buch zu schreiben?

Nach über fünfundzwanzig Jahren meiner Energie- und spirituellen, Geistigen Arbeiten, wollte ich nicht, dass mein Wissen und meine Erfahrungen in mir verborgen bleiben. Ich wollte mein Wissen mit Menschen teilen, die daran interessiert sind und sich weiterentwickeln möchten.

Damit ein Mensch in Frieden leben kann, muss er zuerst mit sich selbst im Einklang sein. Dies ist nur dann möglich, wenn er/sie sich nach innen wendet, seinen Gefühlen und seinen inneren Wahrnehmungen nach geht.

"Was immer du suchst, suche es in dir selbst..." (Hacı Bektaş Veli)

* Hadschi Bektasch Veli war ein muslimischer Mystiker aus Chorasan, der in der zweiten Hälfte des 13. Jahrhunderts in Anatolien lebte.

Ich lade dich ein, zu deiner inneren Urkraft zu erwachen!

Mit Licht und Liebe

Die Vertuschung der persönlichen Entwicklung

Seit der Geschichte der Menschheit wollen diejenigen, die die Gesellschaft beherrschen, dass die Gesellschaft dem Herrscher gehorcht.

Zu diesem Zweck wurden viele Methoden angewandt. Die am weitesten verbreitete ist die Methode der Überredung durch Ausnutzung der reinen Gefühle des Menschen.

Diejenigen, denen es gelingt, die Menschen zum Glauben zu bringen, ob der König, der Sultan, die Autorität usw., lenken und benutzen die Menschen nach ihrem Willen.

Der Glaube ist eine mächtige Methode. Wer glaubt, denkt nicht nach, stellt nichts in Frage.

Der Glaube ist für den Menschen einfacher denn er braucht nicht zu denken.

Die Herrscher haben sich im Allgemeinen der Religion bedient, um die Menschen zum Glauben zu bringen.

Durch die Religion hinderten sie den Menschen daran, sich in der inneren Welt zu entwickeln.

Sie bestraften auch alle Arten von Forschern und Wissenschaftlern, die den Menschen aufwecken wollten.

Diejenigen, deren Namen in den anatolischen Ländern bis heute bekannt sind, sind Nesimi, Şehy Bedreddin, Pir Sultan usw.

Im Mittelalter betrachtete die Kirche auch Forscher, Wissenschaftler, Künstler usw., die anders dachten, als Hetzer, sie wurden verhört, gefoltert und verbrannt, ohne Gnade.
Einer von ihnen war Galileo Galilei.

In der Geschichte der Türkischen Republik; Turan Dursun, Aziz Nesin wurden im Namen der Religion ermordet.

Manipuliertes Unterbewusstsein

Wir wurden schon als Kinder manipuliert. Es beginnt in der Familie.

Die Familienältesten haben immer den Weg der Einschüchterung gewählt, damit das Kind gehorcht.

Sie wollten sie mit Angst zum Gehorsam zwingen. Später wollten die Lehrer Gehorsamkeit in der Schule, durch Schläge oder durch Bestrafung erzwingen.

Parallel dazu wollte das staatliche System mit Militär und Polizei dem Volk Angst machen. Das Ziel des Systems ist es, den Menschen von allen Arten von Konsum abhängig zu machen: Autos, Kleidung, Medikamente, Alkohol, Zigaretten usw.

Darüber hinaus hat die melancholische Musik im Radio die Menschen zu Pessimismus verleitet.

Die Manipulation setzt sich zunächst in der Familie, dann im sozialen Umfeld, in der Bekanntschaft, in der Bildungsstätten und im staatlichen System fort.

Das Hauptziel ist dabei nicht, das sich entwickelnde Kind auf sein eigenes Wesen und seine Fähigkeiten zu lenken, sondern es von sich selbst abzulenken bzw. zu entfernen.

So wird zum Beispiel die persönliche Entwicklung in den Schulen nie gelehrt oder erwähnt.

Die Organisatoren dieser Manipulation wissen genau, dass das Kind nicht in irgendeine Richtung manipuliert werden kann, wenn es im Moment der Entwicklung zu seinem eigenen Wesen zurückkehrt und seine eigenen Fähigkeiten erkennt und nutzt.

Werde dir darüber bewusst, wie die Industrie von Lebensmittel-, Bekleidung-, Medizin-, Automobil- usw. eine systematische Methode zur Manipulation des Menschen anwendet.

Die häufigste Methode ist die Manipulation durch Werbung.

Der Mensch muss sich um sich selbst kümmern!

Das Leben geht weit über das hinaus, was man glaubt, was man denkt zu wissen, zu hören oder zu sehen.

Wenn du anfängst nachzuforschen, wirst du anfangen es zu verstehen und zu erkennen, dass alle Informationen, die du kennst, nur dazu dienen, dich abzulenken und dich zu manipulieren.

Ist der Derwisch schuldig?

*Der Ausdruck Derwisch bezeichnet vor allem in den
europäischen Sprachen einen Sufi, den Angehörigen
einer muslimischen asketisch-religiösen
Ordensgemeinschaft, die im Allgemeinen für ihre
Bescheidenheit und Disziplin bekannt ist.*

Erkenne zuerst...
im Laufe deines Lebens, welche die gekommen
und gegangen sind...
diejenigen die du mehr wertgeschätzt hast als
dich selbst...
diejenigen die dich am meisten verletzt haben
und beschuldigt haben...
wem hast du nicht geglaubt, wem hast du nicht
vertraut...
dann schau dich mal um...
in deiner Verzweiflung, deinem Tiefpunkt und
deinen Sackgassen.
wer ist noch für dich da...

Dann hör auf den Derwisch...
Setz den Tee auf und fang neu an...

Hör auf deinen Vorfahren;
Die Macht, die du suchst, ist in dem Blut, das in
deinen Adern fließt...

Höre auf Hacı Bektaş Veli;
auch dann, wenn sie dich verletzt haben, verletze
sie nicht...

Höre auf dich selbst;
entscheide dich für die Liebe...

Was ist zu tun, wo fange ich an?

Du weißt, dass der Fluss des Lebens auf nichts
wartet, auf nichts Rücksicht nimmt.

Der Fluss des Lebens geht immer weiter und
kümmert sich um nichts.

Das Leben wird immer fließen und es wird so
sein, wie es sein soll!

Deshalb sei im Fluss des Lebens.

Tu das, was getan werden muss, und überlasse
den Rest dem Lebens Fluss, es wird so kommen,
wie es sein will.

Du bist nur für dich selbst verantwortlich.

Gehe deinen eigenen Weg.
Tu das, was für dich gut ist.

Die prophetische Fähigkeit, die du suchst, ist in dir, du kannst sie nur nicht annehmen, du kannst dich nicht an sie erinnern.

Ja, du erinnerst dich nicht und du kannst nicht handeln!
Der einzige Grund dafür ist, dass du dich nicht aus dem Bewusstsein des Mangels befreien kannst.

Wenn du dich vom Knappheitsbewusstsein befreien kannst, dann werden sich alle Türen für dich öffnen.

Denke daran: Knappheitsbewusstsein bezieht sich nicht nur auf Geld und Besitz.

Es bezieht sich auf alles. Glück, Fülle, Wohlstand, Liebe, usw.

Du und das Ergebnis;

wenn du erkennen kannst, dann wird das manipulierte Spiel beendet.

du bist das, was du erwartest und beabsichtigst
du bist die Vergangenheit und die Zukunft
du bist der Schmerz, du bist die Heilung
du bist derjenige, der auf der Suche ist, du bist aber auch derjenige,
der gesucht wird.

Egal, in wie viele Teile du es zerlegst, du bist alles.

Stell dir ein Puzzle vor, jedes Teil davon bist du und somit das Ganze.

Du bist also der Schöpfer und du bist der Erschaffene!

Und mach dir klar, dass es niemanden interessiert, wie du bist und was du tust.

Deshalb solltest du dich in jede Richtung entwickeln.

Tu das, was getan werden muss, und überlasse den Rest dem Fluss des Lebens.
Beobachte geduldig und ehrfürchtig, was passiert.

Du weißt nicht, woher die Gelegenheit oder die Chance kommt.

Was in dein Leben sein mag, was bei dir sein sollte, wird dich finden.

"Wasser fließt und findet sein Bett".

Der Fluss des Lebens lehrt, dass das, was du willst, was du beabsichtigst, nicht zu dir kommt.
Was in deinem Leben notwendig ist, kommt zu dir, in dein Leben.
Auch wenn es nicht das ist, was du willst.

Wenn ein Ort dich anzieht, dann ist diese Stelle;
Dann ist das der Ort, an dem du dich vollständig,
ganz, freudig und selbstannehmend fühlst.

Warum willst du von bestimmten Orten
fernbleiben;
Du willst dich von jedem Ort fernhalten, an dem
es Schmerz und Leid gab, an dem es Mangel an
Liebe und Mangel an Mitgefühl gab.

Also der Ort, der dich anzieht: weil er dir die
Werte gab, die du gebraucht hast.

Wenn bestimmte Orte und Umgebungen für dich
attraktiv sind, obwohl du nie dort warst;

bedeutet das, dass du in deinem früheren Leben
schonmal dort die Vollständigkeit gelebt hast,
dass du eine Familie, eine Geliebte, einen
Partner, Respekt erfahren hast und deinen
Frieden hattest, wann immer du den Namen
dieser Orte hörst, hast du ein Gefühl der
Erleichterung.

Wenn du dich auch logisch nicht daran erinnern
kannst, kennt dein inneres diese Orte. Du fühlst
ein mentales wieder erleben früherer Erlebnisse
an Episoden die dich positiv geprägt haben.

Alles ist miteinander verbunden

Wusstest du, dass Bienen ihre Bienenstöcke finden, egal wie weit sie vom Stock entfernt sind, sie haben ein System wie ein Navigationssystem.

Tiere, wie auch die Menschen, finden ihre Partner in einer großen Menge.

Kurz gesagt, es gibt ein perfektes System, das auch ohne Logik und Denken funktioniert, und dieses System funktioniert mit Empfindungen und Wahrnehmungen bei Lebewesen, die nicht denken können.

Sogar der Wind weht auf eine systematische Weise.

Ich will damit sagen, versuche das System in dir zu erkennen. Versuche deine Gefühle zu verstehen und zu erkennen.

Dein größter Erfolg wird sein, wenn es dir gelingt, deine eigenen Gefühle zu verstehen, dann werden sich in deiner inneren Welt Türen öffnen, die du nicht mal kennst und die in der äußeren Welt Wunder bewirken werden.

Alles ist miteinander verbunden, und das Verarbeitungssystem der Quelle ist wie ein Spinnennetz, alles steht mit allem in Verbindung.

Genauso wie man Dinge vorhersehen kann, die geschehen werden, ist es möglich, die Zusammenhänge von allem vorherzusehen, wie bei einer Kaffee-Wahrsagerei oder ähnlichem.

Das Schicksal eines jeden Menschen wird durch seine Gedanken, Überzeugungen, sein Verhalten und seine Absichten bestimmt.

Wenn du das System verstehen kannst, wird es für dich viel einfacher sein, Fortschritte zu machen.

Sei du selbst

Sei nicht traurig über irgendetwas. Traurigkeit spiegelt sich in deinem Körper, in deinen Organen und Zellen wieder, und gleichzeitig fließen deine traurigen Gedanken in das Universum und aus der Quelle kommen neue Dinge zu dir, die dich traurig machen.

Denn die Quelle schickt dir, was du brauchst, nicht was du willst.

Was auch immer also geschieht, akzeptiere es und lächle.

Denke an positive Sachen, denke an guten Dingen und lächle. Lächeln macht dich stark, also lächle immer, lächle auch ohne Grund, und schaue beim Gehen nicht auf den Boden.

Schaue entweder geradeaus oder nach oben, schütte all die dunklen Gedanken in dir aus.

Mache es dir zur Gewohnheit zu lächeln und lächle immer, finde immer einen Grund zu lächeln. Lachen löst Verspannungen und hindert dich aggressiv zu werden.

Aktiviere deine innere Vitalität, sei enthusiastisch, sei begeistert, verliebe dich in dich selbst.

Deine größten Stärken und Ressourcen liegen in dir selbst.
Stärke die Liebe in dir und lasse alles geschehen, was in der Außenwelt geschieht.

Sei von niemanden abhängig

Vermisse von niemanden die Gespräche, die dich irreführen

Das beste Gespräch ist das Gespräch mit dir selbst !
Sei mit dir selbst, sei du selbst

Was auch immer du als wertvoll ansiehst oder als sehr schlecht ansiehst und was auch immer in deinem Leben geschieht, ist definitiv vorübergehend und wird eines Tages verschwinden.

Es sind ohnehin nicht die Ereignisse und Situationen, die wichtig sind.

Sondern dein Verhalten und deine Einstellung zu den Situationen sind wichtig. Wenn es dir gelingt, die Ereignisse nur als Beobachter zu betrachten, gibt es weder schlecht noch gut, es ist nur die Emotion, die du den Ereignissen und Situationen hinzufügst, die sie schlecht oder gut, schön oder traurig machen.

Wenn es dir gelingt, ein Beobachter zu sein, wird alles sehr bedeutungsvoller. Wenn es eine und nur eine wichtige Sache im Fluss des Lebens gibt, dann bist das Du.

Wenn du das verstehst, es erkennst und akzeptierst.

Was dich zu dir selbst macht, wird sein, das du dich selbst erkennst, dich akzeptierst und verstehst dass du wertvoller bist als alles anderen.

Was macht dich unglücklich?

Was behindert dich und zieht dich in den Abgrund?

Verstehe, dass es für alles eine Lösung und einen Weg gibt.

Die Veränderung und Affirmation dessen kann folgendermaßen aussehen;

Ich bin wertvoll, ich bin wunderbar, ich bin ein Genie, ich bin einzigartig

In deinem Leben bist du das Wichtigste.

Einige Ereignisse, Situationen können passieren oder erlebt werden....

Wenn du nicht wärst, könnten sie nicht verwirklicht, ausprobiert und erlebt werden.

Deshalb bist du wichtiger und wertvoller als alles andere, bitte akzeptiere, erkenne und begreife dies.

Du zuerst...
Du bist das wertvollste Wesen im Leben.

Was auch immer sich für dich nicht gut anfühlt, dir keine Freude macht, dir kein Vergnügen bereitet, dich stört, dir weh tut usw., entferne es aus deinem Leben, lass es gehen...

Lass alles los, damit du dich entspannen kannst...

Wende dich nur den Ereignissen und Menschen zu, die dir guttun, die dir Freude bereiten, dich zum Lachen bringen, dich aufheitern, sei mit ihnen zusammen, wann immer du es möchtest.

Verbessere dich selbst

Halte dich von Menschen und Umgebungen fern,
die nicht gut für dich sind...

Verbringe Zeit mit Menschen und Umgebungen,
die dich zum Lachen bringen und dich
aufmuntern
Niemand ist unentbehrlich,

Denke daran, dass du das Wertvollste bist !

Wenn du dich von alten Lasten entfernst, öffnet
sich der Raum für neue Dinge, denke daran, dass
das Alte vorbei ist, der Fortschritt ist immer mit
der Erneuerung verbunden.

Lasse das Alte in sich ruhen, mache ein Ende damit und eine Erneuerung ist notwendig, um voranzukommen.

Lass, das alte gehen, schaffe Platz für Neuerungen.

Willst du dich verbessern?

Dann reiße die Mauern des Beurteilens und der Beschuldigungen ab.
Das ist der erste Schritt!

Sei dir bewusst, dass du mit Ärger oder Aggressivität nichts erreichen kannst.

Willst du Fortschritte machen?

Dann solltest du den Grundsatz verinnerlichen, ruhig und tolerant zu sein und sich auch so zu verhalten.

Es gibt keinen anderen Weg

In der Gelassenheit kannst du finden, was du suchst, du kannst dich entwickeln und vorankommen.

Wut, Ärger täuschen dich, verschließen deine Augen und du kannst die Wahrheit nicht sehen und verstehen.

Gelassenheit bringt die Tiefe. Gelassenheit ermöglicht es dir, klar und sauber zu denken, du wirst klarer.

Wenn du ruhig und in dich vertieft bist, wirst du, du selbst.

Lasse die Gelassenheit deine stärkste Fähigkeit sein!

Kümmere dich nur um dich selbst, heile dich selbst, entwickle dich selbst.

Wende dich dir selbst zu, konzentriere dich auf dich selbst.

Sieh die Schönheiten des Lebens.

Fange die liebevollen Momente des Lebens ein.
Erkenne, wie angenehm das Leben ist.

Das ist die Zauberformel!

Folge einfach der Schönheit, der Fülle, der Liebe im Leben.

Kümmere dich um nichts anderes.
Tu das, es ist deine Pflicht, das zu tun.

Sprich einfach über die Schönheit, Liebe, Toleranz und teile sie mit deinen Mitmenschen!

Wo es keine Liebe gibt, gibt es auch keinen Anstand.
Wo es keinen Anstand gibt, da gibt es auch kein Gewissen.

Lerne, stark zu sein.

Zuallererst befreie dich von Zweifeln und Sorgen. Höre auf, dir Sorgen zu machen, lasse es kommen, wie es kommen will, lass einfach alles fließen.

Vertraue immer auf dich selbst und glaube, dass du überall sicher bist.

Schätze dich selbst und glaube daran, dass du Erfolg haben wirst.

Höre damit auf, dich mit der allgemeinen Weltanschauung und die Politik zu beschäftigen, das wird dich nicht weiterbringen.

Konzentriere dich immer auf dich selbst.

Sei nicht wütend, nachtragend oder beschuldigend. Sei tolerant und respektvoll.

Richte deine Aufmerksamkeit immer auf dich selbst. Vertraue immer auf dich selbst und auf das, was du tun kannst, denn du bist ein wunderbares Wesen, vergiss das nicht.

In dem Moment, in dem du es schaffst, aus dem Bewusstsein der Knappheit herauszukommen, werden dir alle Möglichkeiten des Universums dienen.

Lerne, stark zu sein und erinnere dich, die Quelle der Schöpfung ist immer bei dir.

sei das Licht in der Dunkelheit
gib den Menschen Hoffnung
helfe Ihnen.

Wenn du stark bist, wenn du fröhlich bist, wird das auch Leben fröhlich sein.

Deshalb motiviere dich ständig, sei fröhlich und glaube daran, dass du alles erreichen wirst, was du willst, vertraue dir selbst, vergiss nicht, dass du ein Genie bist.

Du, ich, das Universum, die Liebe, wir sind alle eins, ganz und ganz besonders.

Wir sind alle ein Teil des Ozeans eines Meeres und jeder von uns ist absolut miteinander verbunden.

Was wir als Quelle bezeichnen, ist ein Ganzes, das aus Teilchen, Zellen, einzelne Lebewesen besteht.

Das Gute und das Schlechte, das Schöne und das Hässliche, das Meer und der Fels, die Sonne und der Mond, sind alle Teil des Ganzen.

Das muss man zuerst verstehen können und begreifen...

Yunus Emre, hat es sehr gut zusammengefasst; "Sowohl der Reichtum als auch das Eigentum sind nicht weiter als Lügen".

* Yunus Emre war ein türkischer Dichter und Mystiker der Bektaschi-Tariqa. Er gilt als einer der ersten mystischen Volksdichter der osmanisch-türkischen Sprachtradition

Mit anderen Worten, in dieser Welt, im Haus des Lebens, gibt es nichts, was dem Menschen, mir, dir gehört. Wenn mir nichts gehört und nicht gehören wird, warum sollte man dann jemand anderen beleidigen, verletzen?

Denke so, ja, du bist in diesem Leben hier, aber du bist nur hier, um zu lernen, zu erfahren, zu verstehen und um Wissen zu erlangen, also bist du in Wirklichkeit nur ein Beobachter.

Wenn wir uns das bildlich vorstellen: du bist irgendwo im Urlaub, in einem Hotel und du weißt, dass dir vom Hotel nichts gehört.

Und wenn der Urlaub vorbei ist, wirst du alles dort zurücklassen und nur die schönen Erinnerungen mitnehmen

Dann ist die Frage hier also...

Warum diese Akzeptanz, warum dieses Eigentumsbedürfnis, warum diese Intensität der Emotionen...?

Und ich möchte dich daran erinnern, wie wertvoll du bist.

Du bist die wertvollste und wichtigste Person im Leben.

Seit der Geschichte der Menschheit haben sie versucht, dich mit allen möglichen Methoden zu manipulieren.

Von jeher haben Pharaonen, Königreiche, Sultane, Geistliche, Dorfälteste, Geldherren und Barone versucht, dich zu versklaven.

Was tust du also gegen sie, liest du Bücher?

Entwickelst du dich?

Vertraust und glaubst du an dich?

Und weißt du, dass der größte Feind der Menschheit die Unwissenheit ist?

Also, was tust du gegen den Feind?

Erkenne, dass das Leben aus Liebe, Zuneigung, Gewissen und Wissen besteht.

Akzeptiere

Um dich zu verbessern, solltest du die derzeitige Situation akzeptieren, damit du dich Entwickeln kannst.

Die Ereignisse, Situationen usw., die du bisher erlebt hast, haben dich in deinen jetzigen Zustand gebracht.

Die Schmerzen, Sorgen, Depressionen usw., die du erlebt hast und alle Menschen in deinem Leben, selbst diejenigen, die dir etwas Schlechtes angetan haben, waren alle eine Stufe für dich, damit du den jetzigen Zustand erreichen konntest.

Sie haben dich gelehrt und dazu beigetragen, um dich zu stärken.

Zuallererst solltest du in der Lage sein, das zu akzeptieren. Wenn du das erreicht hast, wirst du ruhiger.

Hinter allen Arten von Ärger, Wut, Ausbrüchen, Kämpfen usw. sowie hinter Gefühlen und Emotionen wie Zorn, Verbitterung, Einsamkeitsgefühlen stehen zwei grundlegende Gefühle.

Wertlosigkeit und nicht geliebt zu werden. Der Mangel an diesen beiden Gefühlen beginnt in der Familie. Wenn die Eltern dem Kind wegen ihrer Arbeit, Beschäftigung nicht genügend Aufmerksamkeit und Zuneigung schenken konnten und das Kind in der Mitte der Welt aufgewachsen ist, dann hat das Kind, ein Gefühl erfahren zwar;

"Ich bin wertlos und ich werde nicht geliebt" und dies im Unterbewusstsein gespeichert.

Das heranwachsende Kind trägt diese beiden Gefühle auch in späteren Jahren, auch als Erwachsener und auch später immer auf seinen Schultern.

Es sucht das Gefühl der Liebe und des Wertes, das es braucht, bei anderen Menschen in der Außenwelt und das endet oft in Frustration.

Wende dich nach innen, zu deiner eigenen inneren Welt, mache eine Reise zu deiner inneren Welt.

Finde das kleine Kind in deiner inneren Welt und akzeptiere es so, wie es ist, fange an, es zu lieben und wertzuschätzen:

Die Distanz zu dir selbst, die Entfremdung von dir selbst soll dann ein Ende haben.

Je mehr du dich von dir selbst entfernst, desto mehr suchst du in der Außenwelt nach dir.

Du nimmst dir jemanden als Vorbild und versuchst, so zu sein wie er. Du wirst immer nach irgendetwas süchtig. Fernsehserien, Spiele, Glücksspiel, usw.

Je weiter du dich von dir selbst entfernst, desto rebellischer wirst du werden, desto mehr selbst mitleidender und desto mehr wirst du dich über alles beschweren und gibst den anderen die Schuld.

Je weiter du dich von dir selbst entfernst, desto mehr fühlt sich das Leben wie eine Qual an. Je weiter du dich von dir selbst entfernst, desto mehr wirst du zum Liebhaber von teuren Autos, Armbanduhren, Luxus, um dich aufzuwerten und trotzdem wirst du nicht zufrieden sein, weil dein Herz nicht zufrieden ist.

Um all das loszuwerden, musst du zu dir selbst zurückkehren, zu deiner eigenen Urkraft, schließe Frieden mit dir !

Du musst dich selbst akzeptieren und lieben, du musst dich wertschätzen.

Wenn du dich im Spiegel betrachtest, solltest du dich innerlich warm fühlen und spüren, dass du wertvoll bist.

Dann wird sich deine ganze Welt verändern. Dein Umfeld, deine Freunde, deine Interessen, deine Sichtweise, kurzum, alles ändert sich.

Das Gesetz von Ursache und Wirkung:
Worauf du dich konzentrierst, das erschaffst du.

"Was immer du suchst, suche es in dir selbst."
(Hacı Bektaşi Veli)

du sagst nein
das Leben lächelt
du sagst, es ist immer das selbe
das Leben fließt weiter
du sagst, du bist müde
das Leben schleppt dich mit
du gibst auf
das Leben zieht an dir vorbei

zu leben ist Hoffnung
entweder, hast du deine Hoffnungen zerstört.
oder dich in deiner eigenen Dunkelheit begraben
egal, wofür du dich entscheidest
Der Fluss des Lebens geht immer weiter

Konfrontation

Das Wesen, das man Mensch nennt, braucht zwei wichtige Dinge. Das erste ist, geliebt zu werden und das zweite ist, zu wissen, dass man wertvoll ist. Diese beiden Situationen sind wichtige Zustände, die der Mensch in der Kindheit braucht.

Wenn der Mensch diese beiden Zustände in der Kindheit nicht erlangen konnte, wird er im Erwachsenenalter immer auf der Suche nach diesen beiden Gefühlen sein.

Es ist nicht für jeden so einfach, sich seiner eigenen Welt zuzuwenden und sich mit sich selbst zu konfrontieren....

Wie auch immer, die Unterbrechung der Kommunikation mit sich selbst beginnt auch an diesem Punkt...

Da der Mensch sich selbst nicht ins Gesicht sehen kann, wendet er sich anderen Bestrebungen und Tröstungen zu...

Er sucht nach Liebe und Wertschätzung bei anderen und kehrt immer wieder frustriert an den Anfang zurück.

Er sucht nach Wertschätzung und Anerkennung von anderen.

Es gibt viele Menschen um uns herum, die mit teuren, luxuriösen Dingen versuchen sich wertvoll zu zeigen, wie zum Beispiel: Luxusautos, Uhren, Schuhe, Kleidung usw.

Und der klassische Spruch lautet: "Weißt du, wer ich bin?"

Für den Menschen, der sich selbst nicht ins Gesicht sehen kann, ist immer jemand schuldig. Er findet für jede Situation und jedes Ereignis einen Schuldigen.

Aber er hat immer Recht und das Problem liegt immer bei den anderen....

Um diesen Teufelskreis zu durchbrechen, muss die Person, die sich entwickeln möchte, sich selbst ins Gesicht schauen können.

Er/sie muss die Ereignisse, Fehler und Unzulänglichkeiten, die er/sie bisher erlebt hat, akzeptieren und erkennen, dass die Ereignisse, die er/sie bisher erlebt hat, ihn/sie in den Zustand gebracht haben, in dem er/sie sich jetzt befindet.

Aus diesem Grund sollte man sich auf sich selbst besinnen, eine Reise in seine innere Welt unternehmen und seine eigene Urkraft finden.

Wenn man diese versteht und akzeptiert, wird der Fortschritt leichter sein.

Der Mensch, der sich seiner eigenen inneren Welt zuwendet und seine eigene Urkraft findet, wird erkennen, dass er göttlich und vollkommen ist.

Der Mensch, der diese Ebene erreicht, wird erkennen, dass die Liebe und der Wert, den er sucht, in ihm selbst liegen, und seine Perspektive wird sich ändern.

Und nach dieser Erkenntnis wird er die Zustimmung der Außenwelt nicht mehr brauchen.

Selbst seine Einsamkeit wird ihm friedlich erscheinen und er wird definitiv keine anderen brauchen, er wird sich selbst genügen.

Bestehe nicht darauf

Beharrlichkeit führt in der Regel zu negativen Ergebnissen. Wenn du auf etwas beharrst, das du mit guten Absichten tun willst, wird das Ergebnis negativ sein.

Stelle dir Folgendes vor: Binde zwei Gläser mit einem Faden aneinander und ziehe beharrlich an einem der Gläser, das Wasser andere Glas wird umkippen und das Wasser darin verschüttet.

Anbieten aber nicht Beharren.

Es gibt einen schmalen Grat zwischen Gut und Böse. Es ist notwendig, diese Linie oder das Gleichgewicht gut zu verstehen.

Wenn die Linie überschritten oder das Gleichgewicht gestört wird, während man versucht, einer Person einen Gefallen zu tun, weil man darauf besteht, wird dies der anderen Person schaden und sie wird keinen Gefallen mehr erweisen.

Es ist notwendig, zuerkennen.
Wo man damit aufhören sollte

Um einen Gefallen zu tun, sollte man nicht den freien Willen der anderen Person ignorieren und die Person unterdrücken.

**manchmal,
sei still und beobachte
und du wirst viele Dinge erkennen,
auch für dich selbst.**

Und erkenne und verstehe das;
Nichts ist von Dauer; Kummer, Traurigkeit, Freude, Vergnügen, alles vergeht nach einer Weile, besitze nichts davon.

Sie alle gehören hierher in die Welt, nicht zu dir und sind vorübergehend. Besitze sie nicht.

wenn ich weg bin
erlöscht die Asche
der Schatten vergeht
der Tag dämmert
die Situation ändert sich…
und
der Treue
bleibt mit mir…

ich lasse sie gehen,
welche die von mir gehen wollen
vergiss sie…

jeder Morgen hat einen Abend
jeder Abend hat einen Morgen
sei weder verletzt noch beleidigt
der Fluss der Liebe findet seinen Weg
alles was mir bleibt wäre Traurigkeit
vergiss sie…

ich lasse sie gehen,
welche die von mir gehen wollen
ich Ehre dem, der mit mir bleibt!

Ziele setzen

Die Bedeutung der Zielsetzung zeigt sich in vielerlei Hinsicht. Das Setzen von Zielen in verschiedenen Bereichen, z. B. bei der Arbeit, im Privatleben, in der Ausbildung oder im Arbeitsleben, erhöht die Erfolgsaussichten und sorgt für Motivation.

Hier sind einige Gründe, warum das Setzen von Zielen wichtig ist:

Orientierung: Ziele geben der Person, die sie sich setzt, eine Richtung vor.

Jemand, der kein konkretes Ziel hat, weiß nicht, wohin er gehen oder was er tun soll.

Ziele geben demjenigen, der sich ein Ziel setzt, einen Weg vor und ermöglichen es ihm, aktiv zu werden.

Motivation: Ziele sind eine der Hauptquellen der Motivation.

Wenn Menschen versuchen, ein Ziel zu erreichen, handeln sie mit dem Wunsch, es zu erreichen.

Das Setzen von Zielen motiviert Menschen und befähigt sie, sich mehr anzustrengen.

Konzentration: Ziele ermöglichen es den Menschen, ihre Aufmerksamkeit in eine bestimmte Richtung zu lenken.

Eine Person, die Ziele hat, setzt ihre Energie und Ressourcen ein, um ihre Ziele zu erreichen.

Dies ermöglicht eine effektivere Arbeit und Anstrengung.

Vorausschauende Planung: Ziele erleichtern die Planung dessen, was in der Zukunft getan werden muss.

Sobald die Ziele festgelegt sind, kann die Person Schritte unternehmen, um dieses Ziel zu erreichen, und einen Fahrplan für die Zukunft zu erstellen.

Möglichkeit des Erreichens von Erfolg: Ziele erhöhen die Erfolgsaussichten.

Wer sich auf ein bestimmtes Ziel konzentriert und sich dafür einsetzt, erhöht die Wahrscheinlichkeit, es zu erreichen.

Jemand, der ziellos handelt, hat es in der Regel schwer, Erfolg zu haben.

Die Bedeutung der Zielsetzung gilt nicht nur für die Wirtschaft, sondern auch für die persönliche Entwicklung, die Bildung, die Gesundheit oder jeden anderen Bereich.

Ziele helfen den Menschen, ihr Potenzial zu erkennen, auf eine bessere Zukunft hinzuarbeiten und sich selbst zu verbessern.

Die Antwort liegt in der Frage

Deine Gedanken formen die Zukunft im Laufe der
Lebensfluss.

Wenn du aufrichtig und mit reinen Gedanken eine
Bitte aussprichst oder jemanden herabwürdigst,
schaffst du die gleiche Situation für dich selbst.

Wenn du jemanden verurteilst, erschaffst du die
gleiche Situation für dich selbst, wenn du
jemanden verfluchst, erschaffst du die gleiche
Situation für dich selbst, wenn du jemanden
auslachst und verspottest, erschaffst du die
gleiche Situation für dich selbst, und wenn du
jemanden oder ein Ereignis kommentierst, indem
du sagst; Nie, das würde ich nie tun", erschaffst
du die gleiche Situation für dich selbst.

Wenn du ständig etwas sagst, selbst wenn es ein Witz ist, erkennt das Universum keinen Witz, und was du ständig gesagt hast, wird eines Tages in dein Leben übertragen und du wirst es erleben. Worte sind sehr starke Magneten, also sei vorsichtig, was du sagst.

Wisse, dass das Wesen, das sich Mensch nennt, ein ganz besonderes Geschöpf ist, wenn man sich auf sich selbst besinnt, wenn man zu seiner eigenen Urkraft zurückkehrt.

Warum fließt das Wasser, warum gibt die Erde Leben, warum gibt der Himmel Regen und Schnee, warum gibt es Blitze?

Warum ist eine Schneeflocke anders als alle anderen?

Warum gibt es so viel Wasser im menschlichen Körper, warum wird es zu Materie, wenn sich die Schwingung verlangsamt?

Warum ist die Lichtgeschwindigkeit unberechenbar, warum absorbieren schwarze Löcher alles um sie herum?

Warum gibt es Leben unter Wasser, warum gibt es Feuer tief in der Erde?

Warum gibt es Schwingungen und Elektrizität im menschlichen Körper?

Warum reagiert Wasser für das Wort Liebe, warum wendet sich jedes Lebewesen der Sonne zu und warum ist die Sonne für jedes Lebewesen wichtig?

Warum ist Licht wichtig für das Leben eines jeden Lebewesens?

Die Antwort auf all diese Fragen existiert in den Tiefen der Seele.

Denn die Seele hat eine unendliche Wahrnehmung und ein Wissen, dass das Weltall, das Universum und die Planeten berührt.

Tu dir selbst einen Gefallen.
Denke nicht darüber nach, was wäre, wenn.
Lass sie gehen
Sie sollen traurig sein, über deine Entscheidungen.
Tu dir selbst einen Gefallen.
Wachse in der Liebe derer, die du liebst.
Lass diejenigen, trauern
Wenn sie keinen Platz, in deinem Herzen haben.

Bleibe immer im Lächeln.... ☺

Schlafprobleme

Viele Menschen haben in den letzten zehn Jahren Schlafprobleme gehabt. Dafür gibt es natürlich viele Gründe.

Gedanken, Stresszustände, emotionale Blockaden.

Aber auch äußere Faktoren, wie magnetische Schwingungen um uns herum und unsichtbare elektrische Schwingungen, Wifi-Wellen, Wellen von anderen drahtlosen Verbindungen.

Diese wirken sich ebenfalls auf den Menschen aus und können Schlaflosigkeit verursachen.

Einige Beispiele und Empfehlungen gegen Schlaflosigkeit;

Angst und Stress können zu Schlafproblemen führen, und viele Menschen schlafen normalerweise zwischen 21 und 23 Uhr ein.

Eine Person, die zu diesen Zeiten nicht schlafen kann, ist möglicherweise ängstlich oder gestresst.

Gedanken, die auf emotionalen Enttäuschungen beruhen, können zwischen 23:00 und 01:00 Uhr Einfluss haben.

Du kannst deinen Energien wieder zum Fließen verhelfen, indem du dich und dein Umfeld in Vergebung übst.

Du kannst dich auf Selbstakzeptanz konzentrieren, um bedingungslose Liebe zu geben.

Wenn du zwischen 01.00 und 03.00 Uhr nachts aufwachst, kann das auf Wut zurückzuführen sein. Beruhige dich mit einem Glas kaltem Wasser und denke darüber nach, was die Ursache für deinen Ärger war.

Wenn du zwischen 03.00 und 05.00 Uhr morgens aufwachst, kann es sich um Gefühle der Traurigkeit handeln.

Wenn du um diese Zeit aufwachst, kann es auch sein, dass dein höheres Selbst dir etwas sagen bzw. eine Botschaft mitteilen möchte.

Wenn du zwischen 05.00 und 07.00 Uhr morgens aufwachst, kann das ein Zeichen dafür sein, dass du verschiedene emotionale Blockaden erlebst.

Warum ist das alles so wichtig?

Der Schlaf ist ein sehr komplexer Teil der menschlichen Natur. Oft erhalten wir im Schlaf Zeichen und Botschaften von unserem höheren Selbst.

Träume fungieren als Boten, daher ist es wichtig, dass du auf deine Träume und Schlafprobleme achtest.

Bindungen lösen

Wie ein Spinnennetz ist der Mensch mit anderen Menschen verbunden, und zwar durch Gedanken und Gefühle.

Wir können mit einer anderen Person mit Liebe verbunden sein, oder wir können mit Wut oder Zorn verbunden sein.

Diese Bindungen von Zeit zu Zeit zu durchtrennen, erleichtert die Person. Du hattest zum Beispiel einen kleinen Streit mit einer Person bei der Arbeit, in der Schule, in einem Kurs, und negative Gedanken über diese Person gingen durch den Kopf.

Es hat sich eine Bindung zwischen dir und dieser Person gebildet. Wann immer du an diese Person denkst, wirst du mit negativen Gedanken an sie erinnert.

Wenn die Verbindung zu dieser Person unterbrochen ist, wird es durch die Trennungsarbeit möglich sein, wieder normalen Kontakt zu ihr zu haben.

Du kannst diese Trennungsarbeit für jeden tun, mit den du es machen möchtest, es ist nichts Negatives daran.

Beispiel: hast du Öfteren Streit mit deinem Kind, deinem Partner, deinen Geschwistern usw.? Dann kannst du diese Übung nutzen.

Für diese Übung brauchst du zwei Stühle;

Stelle dir vor, dass die Stühle in einer 8 stehen.

Du sitzt auf einem den Stühlen. Auf dem anderen Stuhl sitzt die Person, von der du dich trennen willst.

Was ihm/ihr gehört (Gedanken, Zorn, Beleidigung, usw.), gebe ihm/ihr alles wieder dankend zurück. Was dir gehört, nehme alles wieder von ihm/ihr zurück.

Bedanke dich und wünsche ihm/ihr alles Gute.

Schneide nun die Figur 8 in der Mitte durch.

Visualisiere, die Person, die auf dem gegenüberliegenden Stuhl sitzt, hebt in der Luft ab und steigt immer mehr nach oben, steigt und steigt. Und während er zu den Wolken aufsteigt, wird er/sie kleiner und kleiner.

Nun lass ihn auf die Größe eines Punktes schrumpfen und an deiner linken Seite hinuntergleiten und verschwinden.

Ja, er/sie ist in der Luft verschwunden. Das ist gut.

Atme tief durch und öffne deine Augen.

Es ist verschwunden.

Konzentriere dich jetzt auf dich selbst.

Nimm wahr, was du wahrnimmst.
Beispiel;
du fängst an zu lächeln, es wird dir Warm oder du fühlst dich leichter.

Bleibe im Augenblick

Viele Menschen sind entweder in der Vergangenheit, das heißt, sie sind immer mit dem beschäftigt, was sie in der Vergangenheit erlebt haben, oder in der Zukunft, das heißt, in ihren Träumen.

Wenn die Gedanken des Menschen in der Vergangenheit oder in der Zukunft sind, kann er/sie nicht im Augenblick leben.

Ein kurzes Beispiel;
Er/sie bemerkt nicht die schönen Blumen am Straßenrand, auf denen er/sie geht.

Er geht abgelenkt vorbei. Denn seine Gedanken sind in der Vergangenheit.

Aber das Leben ist im jetzt, im gegenwärtigen Augenblick. Die Kraft des Lebens liegt in diesem Moment.

Lasse mich die Bedeutung des gegenwärtigen Augenblicks wie folgt zusammenfassen;

Stelle dir einen Fluss vor, zB. das könnte der Rhein sein.

Der Rhein fließt von der Nordsee bis zu der Schweiz.

Er fließt durch viele Städte. Wie zB. Düsseldorf, Köln, Mainz, Mannheim, Basel usw. und du bist irgendwo in der Mitte, zB. in Mannheim.

Du hast hier einen Garten oder ein Feld und willst diesen Garten bewässern.

Aber du willst ihn bewässern, indem du entweder Wasser aus der Vergangenheit, d.h. aus Köln, oder aus der Zukunft, d.h. aus Basel, holst.

Beide Methoden werden dich sehr ermüden und sind nicht sehr nützlich.

Die Bewässerung des Gartens in Mannheim mit dem Wasser des dort fließenden Flusses ist dagegen einfach und effektiv.

Im Augenblick zu sein, erhöht das Bewusstsein.

Die Gedanken werden klarer. Das Fokussieren wird leicht und effektiv.

Wie kann man also im Augenblick bleiben? Es ist möglich, dies mit einfachen Dingen zu tun.

Zum Beispiel: Pfeife beim Gehen, summe ein Lied oder zähle deine Schritte. Diese Zustände halten dich im gegenwärtigen Augenblick.

Lerne positiv zu denken

Positives Denken ist eine Kunst. Sei dir der Künstler deines Lebens und denke immer positiv.

Ändere deine Denkweise. Ändere das stereotypische Denken, an das du seit deiner Kindheit gewohnt bist.

Natürlich ist das nicht so einfach. Ersetze Schritt für Schritt die gewohnten Gedankenmuster durch neue Denkweisen.

Das könntest du so machen; Schreibe dir zunächst deine neuen positiven Gedanken auf Papier.

Lese dir dann diese neuen Gedanken laut vor und hefte sie an einen Ort, an dem du sie immer sehen können.

Visualisiere dir diese Gedanken, auf dieser Weise
trainierst du visuelle und auditive Wahrnehmung.
Wiederhole diese Übung 21 Tage lang.

Verwende positive Worte, bei denen du ein gutes
Gefühl hast,
zum Beispiel:

Ich bin wertvoll.

Ich akzeptiere mich so, wie ich bin.

Ich liebe und schätze mich selbst.

Ich entscheide mich dafür, im Lebensfluss zu
sein.

Ich bin im Überfluss und gesegnet.

Ich bin sehr glücklich.

Was ich tun möchte, geschieht einfach.

Meditiere

Gehe an einen ruhigen Ort, setze dich oder lege dich hin. Konzentriere dich auf deinen Atem. Atme ruhig ein und aus.

Beruhige dich, atme noch ruhiger ein und aus. Visualisiere.

Du bist am Meer und gehst langsam am Strand entlang. Das Rauschen der Wellen beruhigt dich.

Die Sonne wärmt dich und gibt dir Zuversicht. Du bist in Sicherheit.

Das Blaue und die Weite des Meeres vermittelt dir ein Gefühl der Unendlichkeit.

Während du langsam gehst, hörst du das Geräusch des Wasserfalls vor dir und gehst in diese Richtung.

Mit ruhigen Schritten gehst du auf den Wasserfall zu.

Das Fließen des Wasserfalls löst in dir Begeisterung aus.

Und nun ziehst du deine Kleider aus, lässt sie irgendwo liegen und badest unter dem Wasserfall.

Mit seinem kraftvollen und klaren Fluss reinigt er dich von Müdigkeit, Widersprüchen, Stress, negativen Gedanken usw., allem, was dir Energie raubt.

Spüre, wie er dich reinigt, erhellt und belebt.

Bleibe so lange unter dem Wasserfall, wie du es brauchst.

Verlasse den Wasserfall und gehe mit ruhigen, langsamen Schritten am Strand entlang.

Nehme wahr, dass du jetzt leichter, entspannter und stärker bist.

Negative Energien sind von dir abgeflossen. Du bist lebendiger und motivierter.

Und du bist bereit, in die Gegenwart zurückzukehren, atme tief ein und aus, mache das dreimal.

Öffne deine Augen, bewege deinen Körper und sei in der Gegenwart,
du bist hier und jetzt.

(youtube.com/@pirzadeerbektas4319
    Du kannst dir ein Meditationsvideo auf meinem Kanal ansehen)

Affirmationen

Ich bin immer und überall in Sicherheit

Der Schöpfer beschützt mich

Ich bin mehr wert als alles andere

Ich glaube und vertraue auf mich,
jeden Schritt, den ich mache, alles, was ich tue

Ich akzeptiere und liebe mich so wie ich bin

Ich akzeptiere ehrfürchtig das Bewusstsein der
Fülle und bin in der Fülle der Fülle

Ich beabsichtige, mich zu stabilisieren

Ich drücke mich frei aus

Ich werde geliebt und umsorgt

Alle guten Sachen, kommen leicht zu mir

Ich liebe Geld und Geld kommt leicht zu mir

Ich bin jetzt und in diesem Moment

Mein Geständnis an mich selbst

Ja, ich gestehe mir ein, dass die Ereignisse,
Erfahrungen, Sorgen, Schmerzen, Ressentiments
usw., die ich bisher erlebt habe.

Alle, wirklich alle;
Es lag daran, dass ich mich selbst nicht
akzeptieren konnte, dass ich mir nicht vertrauen
und an mich glauben konnte.

Es lag daran, dass ich mich nicht für wertvoll hielt
und mich für nutzlos hielt.

All diese Zustände und Denkmuster wurden mir
mitgegeben;

denn alle diese Zustände und Gedankenmuster
wurden mir von meiner Mutter, meinem Vater,
meiner Großmutter, meinem Großvater, meinen
Vorfahren, von der Wurzel durch die DNA
gegeben, denn sie wurden übertragen....!

Ich kann mir selbst nicht vertrauen und an mich glauben.

Stattdessen erfinde ich Ausreden für mich.

Also sind alle;
Schwierigkeiten, Probleme, Traurigkeit, Schmerz usw. sind alles Zustände und Situationen, die ich erschaffen habe.

Was auch immer ich in meinem jetzigen Leben tun möchte, das kann ein Job, ein Haus, ein Auto, eine Partnerin usw. sein, wenn ich mich selbst nicht als wertvoll für diese Situation, diesen Zustand erachte; fange ich an, Ausreden zu produzieren, ohne nur darüber bewusst zu werden.

So halte ich mich selbst von meinem Zielen, Situationen ab.

Eigentlich verhindert mich keiner, außer ich selbst.

Alle Hindernisse, die sich mir in den Weg stellen, habe ich selbst erschaffen und produziert.

Was auch immer in meinem Leben eine Rolle spielt und Spuren hinterlässt;
ich habe es angeregt, ich habe es erschaffen.

Das darf ich nicht vergessen;
Ich habe in meinem Leben für Sachen oder Personen, das Etikett "ist wichtig" selbst angebracht.

Etwas, das für mich wichtig ist, kann für jemand anderen unnötig und wertlos sein.

Was in meinen Augen sehr wertvoll ist, ist für jemand anderen unnötig.

Mit anderen Worten, ich habe, etwas für "ist wichtig" oder als wertvoll ernannt.

Wenn der Atem aufhört und die Seele den Körper verlässt, ist nichts mehr wichtig!

Bildlich wäre es so;

Lasst uns ein Theater aufstellen;
Lasst uns den Leuten, die im Theater spielen werden, Rollen zuweisen.
Du bist eine unfreundliche Frau. Du bist ein schlechter Lehrer. Du bist ein grausamer Chef.
Du bist ein betrügerischer Freund, usw.

Und schon kann das Spiel beginnen...
Es soll eine gute Arbeitsgelegenheit mit angenehme Arbeitsumfeld und gutem Verdienst sein.

Von vorneherein werden Mentale Blockaden, Hindernisse im Hintergrund erschaffen, wenn ich mich, für diesen Job nicht würdig halte, obwohl ich mein Bestes gebe, mit logischem Gedanken, diesen Job zu bekommen.

Aber ich bekomme den Job nicht, weil das Unterbewusstsein, der Geist die Oberhand haben und ich mit logischen Überlegungen, dies und jenes dafür verantwortlich mache.

Warum hat es nicht geklappt, weil ich mich nicht für würdig halte, mir nicht vertraue und nicht an mich glaube.

Parallel dazu wegen der Lasten, die ich aus vergangenen Leben mitgebracht habe, die noch nicht abgeschlossen sind und die ich in meinen Rucksack trage.

Mein Vorschlag für diese Situation;
Entwickele dich, um sich von Schablonen und Ausreden zu befreien.

Akzeptiere und tue für deine eigene Entwicklung, was immer gut für dich ist.

Gehe nicht weiter den Weg, mit den Gedankenmustern, die von den Vorfahren und der Abstammung geprägt sind...

Entscheide dich für das, was gut für dich und deines Lebens ist.

Entscheide dich dafür, mit dir selbst in Frieden zu sein.

Wähle, frei und ungebunden zu sein.

was von mir fällt, was von mir geht
von mir zu dem, der geht, meine Hochachtung
und es ist nicht mehr wichtig.
Ich schaue nicht zurück, ich frage nicht nach dem Warum.
auch wenn du eine Blume des Paradieses bist
du bist frei. Viel Glück.

Ich werde mich
an die Liebe verklammern,
meine Sichtweise, meine Wahrnehmung ändern...

Ich beuge mich nicht vor.
Ich nehme Zuflucht in mir selbst...
Ich bin die Kraft, ich bin das Licht, ich bin die
Liebe!

Nichts wird je wieder so sein wie früher
Meine Meditationsnotizen:

Ein neuer Prozess hat begonnen....
Der neue Prozess kommt mit sehr kraftvollen
Schwingungen, Verbindungen, Formationen!

Alles, was allgemein bekannt ist, wird in dem
neuen Prozess ungültig und bedeutungslos sein.

Dieser neue Prozess kommt mit seiner eigenen,
einzigartigen, neuen Schwingungen und er wird
alles, was mit dem Alten zusammenhängt,
hinwegfegen!

Der Beginn eines neuen Prozesses hat mit dem
neuen Mond begonnen und seine Zahl ist 12
(numerischer Schwingungswert)!

Es geht um die Person, den Einzelnen;
alles, was er/sie für sehr wichtig hält, was er/sie
nicht aufgeben kann, wovor er/sie Angst hat, es
zu verlieren, seine/ihre Erwartungen usw. werden
ihm/ihr weggenommen und verlieren ihre
Bedeutung.

Dieser neue Prozess ist viel anders und stärker als die anderen Typen.

Auch wenn es den Anschein haben mag, dass die Bildung dieses neuen Prozesses von Menschen und Gruppen durchgeführt wird, oder dass sie daran beteiligt sind, so ist diese Veränderung und Entwicklung in Wirklichkeit eine Situation, die aus dem Kosmos kommt und sich entwickelt!

Das Wesen, das sich Mensch nennt, hat seit Jahrhunderten viele Entwicklungen und Veränderungen durchgemacht.

Dies ist ein neuer Zustand dieser Veränderung. Jede Veränderung ist schmerzhaft, das ist eine bekannte Tatsache.

Diese Veränderung wird sich sehr stark auf die Menschheit und die Lebewesen auf der Erde auswirken.

Ja, viele menschlichen und viele Lebewesen werden verschwinden.

Der neue Prozess wird keinen Platz für das Alte lassen und alles zerstören!

Die Corona-Pandemie ist nur der Anfang, es werden noch viele weitere Ausbrüche, Fälle, Naturkatastrophen und lokale Konflikte folgen.

Auch wenn die derzeitige Situation schlimm und schlecht erscheinen mag, ist dieser Wandel notwendig.

Danach wird nichts mehr so sein wie vorher!

Die menschliche Art; die die Natur, das Meer, das Wasser, die Luft und die Tiere abschlachtet, hat sich selbst verloren, ist ihrem Ego erlegen, ist unersättlich geworden und hat alle möglichen Tricks angewandt, um zu bekommen, was sie will.

Erst nur dann;
bis jedes Individuum/jeder Mensch erkennt und begreift, dass alles miteinander verbunden ist, dass alles ein Teil des Ganzen ist und dass alles mit dem Kosmos verbunden ist, wird dieser Prozess weitergehen!

Dann wird es keine Kriege und Katastrophen mehr geben.

Und dieser Prozess, dieser Wandel wird die Menschheit von ihrem dreidimensionalen Zustand in einen fünfdimensionalen Zustand verwandeln.

In der Dimension der Schwingung wird es auf eine neue Stufe kommen!

Diese Dimension;
Es ist der Zustand und die Dimension des Wissens und der Erkenntnis, dass alles ein Ganzes ist und alles miteinander verwoben ist, dass jeder Teil zum Ganzen gehört!

Die Menschheit muss definitiv in die Dimension der Ganzheit springen und das Bewusstsein erreichen!

Und jeder wird erkennen;

wenn die Ausgangssperren vorbei sind, wenn die Geschäfte öffnen, wenn das Leben zu fließen beginnt = werden sie erkennen, dass nichts mehr so ist wie vorher.

Es ist an der Zeit aufzuwachen, Zeit für Bewusstsein und Zeit für jeden, für sich selbst aufzuwachen!

Diejenigen, die die Welt beherrschen, haben mit Corona an der Menschheit experimentiert.

Sie versuchten, die Menschen unter Druck zu setzen, verbreiteten über die Medien auf der ganzen Welt Angst und erkannten, dass sie die Menschen auf der ganzen Welt nach ihrem Willen manipulieren können.

Dieser Versuch war ein Test für den nächsten Schritt.

Alle Vorbereitungen für die neue Weltordnung sind abgeschlossen. Der nächste Schritt wird sein, Menschen zu chippen.

Sie haben die Infrastruktur dafür vorbereitet, sie haben die Internetverbindung schneller gemacht mit 5G.

So werden sie die Menschen leichter kontrollieren können.

Aber das Interessante daran ist, dass viele Menschen sich überhaupt nicht um diese Situation kümmern.

Sie sind also offiziell bereit, noch mehr Sklaven zu sein.

Solange sie niemand in ihrer Bequemlichkeit
stört.

Ich lade dich ein, aufzuwachen!
Du hast die Wahl...

WACH ZU DIR SELBST AUF!

Zu dir,
Ich sage nicht, sei mein...
sei einfach mit mir...
Dieser Weg
Ich weiß nicht, wohin er uns führen wird,
wenn wir zusammen gehen,
lernen wir beide...
zusammen,
gemeinsam,
als Ganzes.

Zusammenstellungen von schamanischen Lehren

Schamanismus ist der älteste Glaube und Lebensinhalt der Menschheit. Er ist nicht nur in Zentralasien weit verbreitet, sondern es gibt auch Stämme, die noch heute existieren. Die anatolischen Türken haben noch viele Glaubensvorstellungen, Rituale und Praktiken aus schamanischer Zeit.

Sie klopfen auf Holz, tragen Böse-Augen-Perle, um sich vor dem bösen Blick zu schützen.

Viele Überzeugungen, die wir nicht aufgeben können, wie das Gießen von Blei, das Binden einer roten Schärpe an Frauen, die gerade entbunden haben, sind unsere Aktivitäten schamanischen Ursprungs.

Einige der schamanischen Lehren sind;

Sich selbst und andere zu respektieren.
Aus seinen Fehlern zu lernen.
Seine Geistlichkeit gut zu leben.
Mit dem Bewusstsein zu leben, dass das Leben
ein Test ist.
Ihre Erfahrungen auf Ihr Leben zu übertragen.
Die Lektionen des Lebens gehen so lange weiter,
bis du lernst.
Wisse, dass das, was du hast, du selbst bist.
Lebe im Augenblick.

Lernen, loszulassen
Die, die gegangen sind, den Schmerz, die
Vergangenheit.
Diejenigen, die nicht bei dir sind
Das ist der Schlüssel zum Glück.

Sei denen, die du liebst, gegenüber loyal, aber
sei nicht abhängig.
Sei aufopferungsvoll, aber opfere dich nicht
selbst.
Vergiss nicht das Gestern, aber bleibe nicht
stecken.
Sei geduldig, aber ertrage nicht.
Kritisiere, aber tadle nicht.
Bitte darum, aber bestehe nicht darauf.

Suche dich, für dich selbst.

Lasse nicht zu, dass andere für dich den Weg
bestimmen.
Es ist dein Weg und nur deiner.
Andere mögen mit dir gehen, aber können nicht
für dich gehen.

Was ist "Leben" nach der schamanischen Lehre?

Eine schamanische Lehre besagt:
Nichts in der Natur, lebt für sich selbst.
Flüsse können ihr eigenes Wasser nicht trinken.
Bäume können ihre eigenen Früchte nicht essen.
Die Sonne kann sich nicht selbst heizen.
Der Mond scheint nicht für sich selbst.
Blumen duften nicht für sich selbst.
Die Erde gebiert nicht aus sich selbst heraus.
Der Wind weht nicht aus sich selbst heraus.
Die Wolken werden nicht durch ihren eigenen
Regen nass.

**Der erste Artikel in der Verfassung der Natur ist
dieser:**
Alles lebt füreinander. Füreinander zu leben ist
das Gesetz der Natur.

Wenn die alten Schamanen ihre Kinder und
Enkelkinder lehren, Fluchen, Hassen und
Verfluchen zu vermeiden, erklären sie es wie
folgt:

Fluch, Hass und Verurteilung ist ein scharfer Pfeil, er geht und trifft den anderen und kommt mit seiner ganzen Kraft zu dir zurück und trifft auch dich.

Benutze daher die Pfeile des Fluchs, des Hasses und der Verurteilung nicht, damit sie auch dich nicht verletzen.

Eines der markantesten Merkmale des Schamanismus ist der Glaube an die Seele.

Nach der schamanischen Weltanschauung haben alle sichtbaren und unsichtbaren Lebewesen Seelen.

Es wird geglaubt, dass Pflanzen, Tiere, Bäume, Felsen, Berge, Wind, Regen und alles, was wir so nennen können, eine Seele haben.

Ebenso besteht der Mensch aus einem materiellen Körper und einer Seele.

Damit ist eine philosophische Haltung gemeint, die den Menschen dazu auffordert, in Einheit mit der Natur zu leben und alles in der Natur zu respektieren.

Auch die Struktur des Schamanismus wird im Rahmen dieser dualistischen Interpretation gebildet.

Denn zwischen der sichtbaren Welt und der Welt, die der gewöhnliche Mensch nicht sehen kann, steht die Person, die mit den Geistern kommunizieren kann und für die Lösung der Probleme zwischen diesen beiden Welten zuständig ist, der "Schamane" selbst.

Darüber hinaus ist der Schamane im Glauben des Schamanismus, in dem die Reinkarnation eine wichtige Rolle spielt, die Person, die mit ihrer Seele in andere Welten und zu den Geistern reisen kann, wann immer sie will.
Mit anderen Worten: Während der Schamane seinen physischen Körper in dieser Welt verlassen kann, kann seine Seele auch in metaphysische Welten wandern (kosmische Reisen).

Abgesehen von der dualistischen Interpretation des materiellen Körpers und der metaphysischen Welt der Geister, die für den normalen Menschen unsichtbar ist, hat auch die Welt im schamanischen Glauben eine dualistische Interpretation,
Es wird gelehrt, dass sie aus drei kosmischen Ebenen besteht.

Diese Ebenen, die Untere Welt, die Mittlere Welt und die Obere Welt genannt werden, gelten als durch eine zentrale Achse miteinander verbunden.

Die sichtbare Welt, wie wir sie kennen, bestehend aus Menschen, Tieren und Pflanzen, befindet sich in der mittleren Welt/Erdschicht.

Der Herrscher der Oberwelt wird Ulgen (Gottheit) und der Herrscher der Unterwelt Erlik (Gott der Unterwelt) genannt.

Wenn wir bedenken, dass in der schamanischen Philosophie alles, was einen Geist hat, mit Respekt behandelt werden muss und dass die ganze Natur aus Geistern besteht, können wir sehen, dass der Glaube an den Schamanismus ein Leben in Frieden und Harmonie mit der Natur erfordert.

Das bedeutet, dass der Schamane keine bösen Absichten hegt oder ein Verhalten an den Tag legt, das jemandem schaden könnte.

In der Welt, in der wir leben, sind wir alle von Gegenständen umgeben, die so alltäglich geworden sind, dass sie zu einem festen Bestandteil unseres täglichen Lebens geworden sind.

Gegenstände, an denen wir einen großen Mangel empfinden, weil wir kein verbessertes Modell haben können:
Fernseher, Telefone, Computer, Kühlschränke, Waschmaschinen, stilvoll gemusterte Sessel aus hochwertigen Stoffen, Gardinen, Teppiche, Ornamente, Autos, Gebäude, höhere Gebäude...

Große, überfüllte Städte, Menschen, die sich nicht kennen, Kreditkarten, Ratenzahlungen, Kredite, die das Geld ersetzen, damit wir mehr Dinge die wir nicht brauchen kaufen können...

Wir werden schnell in eine unumkehrbare
Science-Fiction-Welt hineingezogen.

Am Ende entfremden wir uns immer mehr von
der Natur, der Menschheit und uns selbst.

Hethitisches Gebet

Lieber Gott,
ERMUTIGE mich, die Dinge zu ändern, die ich
ändern kann,

gib mir GEDULD, die Dinge zu akzeptieren, die
ich nicht ändern kann,

gib mir WEISHEIT, um den Unterschied zwischen
den beiden zu erkennen,
und
Gib mir FREUNDE, die mich vor der Blindheit und
den Lügen der Liebe schützen...

Meine Visionen

Was immer im Universum, auf den Planeten, existiert, existiert auch in der Welt.
(Hacı Bektaş Veli)

Bewegungsmechanismus der Seele

Der Bewegungsmechanismus der Seele ist die Neugier.
Du wirst zuerst Neugierig, dann fängst du an, zu forschen, zu analysieren und zu lernen.

Du brauchst Erneuerung, um voranzukommen, du kannst nicht vorankommen, wenn du im Alten herumwanderst.

Versuche nicht, jemandem aus Mitleid zu helfen und bleibe nicht im Schatten von jemandem anderen.

Jeder hat seine eigene Wahl, sein eigenes Problem, seinen eigenen Fall....

Sehe zu das du auf deinen eigenen Weg vorankommst, mit deiner Wahl, deinem Thema.

Komme für niemandem, von deinem eigenen Weg ab...

Jeder wird dich zu seinem eigenen Vorteil nutzen wollen, lass dich von niemandem unterdrücken, entwerte dich nicht selbst...

Vergiss nicht, dass du in erster Linie das Wertvollste bist...

Ja, das Wichtigste ist, sich im Leben geistig zu entwickeln, im Lebensflusses...

Viel Geld zu haben, viel gearbeitet zu haben, viel Besitz erworben zu haben, ist für die Entwicklung der Seele nicht von Nutzen...

Der Bewegungsmechanismus der Seele ist die Neugierde, die Seele ist immer neugierig, und mit ihrer Neugierde erwirbt sie neues Wissen und neue Erfahrungen....

Das Ziel der Seele ist immer, sich zu verbessern und die Schwingungsstufe zu überspringen...

Die menschliche Existenz unterliegt einem 7-Jahres-Rhythmus der Veränderung. Dieser ist wie folgt

0-7 Jahre, Säuglingszeit und Kindheit
07-14 Jahre, Adoleszenz, Suche nach der Persönlichkeit
14-21 Jahre, Jugend, Aufregung auf dem Höhepunkt
21-28 Jahre, Periode des Verstehens, des Begreifens
28-35 Jahre, Periode der Ruhe
35-42 Jahre, Zeit der Reifung
42-49 Jahre, Zeit der spirituellen Bedeutung
49-56 Jahre, persönliche Introspektion

Welt des Geistes

Stell dir die Seelen als Regen und Schneeflocken vor. Sie sind Teile des Kosmos, der Quelle, und sie sind genau wie Regenflocken.

Sie sind einander ähnlich, von gleicher Gleichheit und gleichem Wert. Die eine ist nicht wertvoller und schwächer als die andere, sie haben alle das gleiche Maß und den gleichen Wert. Jeder von ihnen hat den gleichen Wert.

Jedes von ihnen spiegelt das Universum, die Quelle, wider. In jedem von ihnen spiegelt sich der gesamte Kosmos wider.

Die Hauptaufgabe einer jeden Seele ist es, sich zu verbessern und zu entwickeln. Deshalb ist die Seele neugierig.

Neugierde ist der Bewegungsmechanismus der Seele. Sie wundert sich und wird aktiv. Neugierde ist für die Seele wie der Motor eines Autos.

Die Seele ist ein unzerstörbares Wesen. Sie ist von Natur aus sehr fähig, weise und mit allem in Kontakt.

Die Seele kann so klein werden, dass sie durch ein Nadelöhr passt, und so groß werden, dass sie nicht in die Welt passt.

Er kann gleichzeitig an verschiedenen Orten sein und verschiedene Orte gleichzeitig beobachten.

Der Geist kann die Materie beherrschen, verdrängen oder in ihrer Form verändern.

Keine Macht kann die Seele zerstören oder verändern. Und keine Macht kann die Seele versklaven, es sei denn, sie erlaubt es ihr, dies zu tun.

Sie ist von nichts abhängig, es sei denn, sie erlaubt es.

Nichts kann die Kraft der Seele zerstören oder vermindern, es sei denn, sie erlaubt es.

Nur Kummer und Schuldgefühle vermindern die Kraft der Seele. Selbstverurteilung schwächt sie völlig und vermindert ihre Fähigkeiten.

Schuldgefühle vernichtet die Freude am Sein. In solchen Fällen hört sie auf, produktiv zu sein und zieht sich selbst zurück.

Die Liebe ist die Nahrung der Seele. Sie liebt es, geliebt zu werden, Aufmerksamkeit zu erhalten.

Wenn sie sich sicher ist, dass sie geliebt wird, gibt es nichts, was sie nicht tun oder erreichen kann.

Liebe ist wichtig für alle Lebewesen. Alle Lebewesen brauchen Liebe und sie ist sehr wichtig und notwendig für die menschliche Existenz.

Wo es keine Liebe gibt, gibt es Dürre und Armut. Das gilt für alle Bereiche des Lebens. Die Quelle des Lebens wird durch die Liebe gestärkt.

Verkörperung der Seele

Die Seele wird allmählich schrittweise verkörpert, so dass sie die Verkörperung zum ersten Mal in der Welt erleben kann und nicht sofort als Mensch geboren wird.

Die Verkörperung ist einseitig und unumkehrbar.

Erste Stufe:
Sie nimmt einen Körper als träges Objekt an: Moos, Stein, Fels, Gras, Blume, Baum, Wasser, usw.

Zweite Stufe:
Als Reptil: Insekt, Raupe, Wurm, Schlange, kurz, es bewegt sich im Boden und in den Pflanzen.

Dritte Stufe:
Als Tier mit Füssen oder geflügelte Tiere, Katzen, Hunde, Wölfe, Löwen usw., oder Vögel wie Enten, Störche, Tauben usw.

Vierte Stufe:
Der Mensch

Die fünfte Stufe:
Der perfekte Mensch

Sechste Stufe:
Die Schwingungsdimension ist leichter und heller geworden und das Bedürfnis nach weltlicher Erfahrung ist vorbei.

1. Die Versammlung der Seelen

Welche Erfahrung die Seele in der Welt machen
wird, in welchem Körper sie sein wird, wo sie sein
wird, in welchem Land, in welcher Familie usw.,
kann nur in der Seelenversammlung im Einzelnen
bestimmt werden.

Zu diesem Zweck versammeln sich die Seelen,
die in der Welt verkörpert sein werden und eine
Erfahrung machen werden, in der Rat
Versammlung.

Der Präsident, der die Versammlung leitet,
verteilt und lenkt die Aufgaben an die in der
Versammlung versammelten Seelen.

Ein großer Raum, wie eine Halle, mit einem
runden O-förmigen Tisch im Inneren des Raumes
und den Seelen, die um den Tisch sitzen.
Dies ist die Versammlung der Seelen.

Die Seelen haben ein menschliches Aussehen, sind aber eher blass/durchsichtig, und um den Tisch herum sitzen Männer und Frauen in schöner Kleidung.

Es gibt einen Vorsitzenden, der die Sitzung leitet und die Aufgaben verteilt.

Für manche Aufgaben werden Gruppen eingeteilt, und je nach Schwierigkeitsgrad der Aufgabe wird festgelegt, wer wohin geht: welche Region, welches Land, welche Stadt, welche Familie.

Für die Seele ist die Welt wie eine Universität, ein Ort des Lernens, der Erfahrung und der Reifung.

So wie ein Mensch, der an einer Universität studieren will, bestimmt, welchen Zweig, welche Universität, welche Sprache und beginnt.

Auch die Seele bestimmt das Fach, in dem sie sich verbessern will, und wählt dementsprechend Land, Stadt, Region und Familie.

Zu diesem Zweck ist sie viele Male mit unterschiedlichen Aufgaben in der Welt verkörpert worden (Reinkarnation).

Jede Seele wählt das Thema, das sie interessiert und für ihre eigene Entwicklung.

Wenn das gewählte Thema umfassend ist, wird das Thema in einem Team gewählt, d.h. in einer Gruppe mit der Beteiligung vieler Seelen.

Die Seele, deren Thema bestimmt ist, vollendet ihre Vorbereitungen, um in die Welt zu gehen, und kommt in die Welt.

Sie wird im Schoß der Mutter verkörpert. Ihr Säuglingsalter, das Krabbeln, der Beginn des Gehens, das erste Lebensjahr, usw.

Seine Hellsichtigkeit ist bis zum fünften Lebensjahr offen, dann beginnt die Logik zu wirken und die Hellsichtigkeit geht zurück und schließt sich.

Das Thema, das ich beim der Seelen Rat gewählt habe;
Die Blockade im Stammbaum der Familie, in der sie verkörpert werden soll, aufzudecken.

Im Stammbaum herauszufinden, was von den Vorfahren und Urgroßvätern getan wurde und um deren Versöhnung zu erhalten.

Um sicherzustellen, dass die Blockade aufgelöst wird und der Stammbaum Fluss wieder fließen kann.

Der Vorsitzende betont, dass dies ein sehr schwieriges Thema ist und fragt, wer sich dieses Themas annehmen möchte.

Ich nehme diese Aufgabe mit folgendem Slogan an.

"Das Schwierige löse ich, das Unmögliche braucht Zeit."

Und wenn die Vorbereitungen abgeschlossen sind, werde ich im Schoß meiner Mutter verkörpert und beginne, in der Welt zu experimentieren.

Die Menschen, die den anderen Menschen lange Zeit im Leben begleiten, gehören zur Gruppe der Seelen.

Zum Beispiel:
Vater, Mutter, Geschwister usw. oder enge Freunde. Manchmal treffen wir jemanden im Leben und wir haben dabei in kurzer Zeit ein gutes Gefühl mit ihm/ihr, wir fühlen uns von ihm/ihr angezogen und er/sie wird ein Teil unseres Lebens.
Beispiel: Seelenverwandschaft

Die Seele, die sich in der Welt verkörpert und zu erleben beginnt, empfindet sich als in einem Käfig. Sie ist nicht mehr frei und ihre Fähigkeiten sind begrenzt.

Mit der Zeit erschafft die Seele für sich ein Lebensgesetz.

Sie trifft Entscheidungen über die Ereignisse und Situationen, die sie zum ersten Mal erlebt, und schafft dafür ein Muster, eine Schablone.

Sie erschafft dieses Gedankenmuster meist für negative, schmerzhafte und traurige Situationen und Ereignisse.

Heutzutage nennt man diese Situation unterbewusste Codierung, unterbewusste Form.

Die Funktionsweise dieses Lebensgesetzes der Seele ist folgende: Für ein erlebtes Ereignis bestimmt sie einen Gedanken, schafft dafür ein Muster und vergisst sie nach einer Weile, aber diese Bestimmungsmuster wirkt immer im Hintergrund.

Nach einer Weile wird sie durch die Wirkung dieser Muster gestört und sucht nach einer Lösung.

Beispiel 1:

Er steht jeden morgen früh auf und geht zur Arbeit, eines Tages will er nicht zur Arbeit gehen und der Gedanke kommt ihm in den Sinn: Ich will heute nicht zur Arbeit gehen, lass mich heute schlafen.
Er fasst einen Entschluss: Lass mich heute schlafen.

Die Seele wählt kurze und klare Sätze und fasst den Entschluss, ich werde heute schlafen, ich schlafe.

Die Zeit vergeht, derjenige kann sich nicht mehr aus dem Schlaf reißen, er ist meistens Müde.

Nach einer Weile wird dieser Schlafzustand für ihn unangenehm und er beginnt, sich darüber zu beschweren, aber er kann den Grund dafür nicht finden oder verstehen.

Beispiel 2 (von mir selbst)

Vor sieben oder acht Jahren befand ich mich in einer schwierigen Phase: Alles, was ich anpackte, trocknete aus, alles, was ich machen wollte, ging schief.

Eines Tages saß ich im Park und war in Gedanken versunken.

Plötzlich wurde mir etwas klar.

In meinen Gedanken ertappte ich mich dabei, wie ich mir Vorwürfe machte, wie nutzlos ich war, wie dumm ich war, wie ich mich beschuldigte.

Dann kam mir ein Gedanke in den Sinn.

Ich wollte ein Zeichen setzen, um mir klar zu machen, wenn ich mich beschuldige, ohne dass ich es merke.

Ich halte mir das Ohr fest, nein keine gute Idee. Ich halte an meiner Nase, nein, das ist auch nicht gut. Das passiert, das passiert nicht, und schließlich habe ich mich für einen Gedanken entschieden.

Jedes Mal, wenn ich mir die Schuld gebe, ohne es zu merken, sollten meine Hände zittern.

Ja, das war gut, und jedes Mal, wenn ich mir die Schuld gab, wurde mir das bewusst, wenn meine Hände gezittert haben.

Und nach einiger Zeit, begann sich meine Beschäftigungen wieder zu laufen.

Ich hatte einen Job, und ich hatte diesen Beschluss und diesen Gedanken bereits vergessen.
Die Jahre vergingen und eines Tages kam die Person, der ich vertraute, zu mir und sagte: "Ich werde woanders arbeiten, ich bleibe nicht mehr bei dir.

Das hat mich sehr verärgert, und in dieser Anspannung bin ich auf mich selbst losgegangen und habe mir eine Menge Vorwürfe gemacht.

Nach ein paar Tagen begannen meine Hände so sehr zu zittern, dass ich nicht einmal mehr einen Stift halten konnte.

Es gab keinen Arzt, den ich deswegen nicht aufsuchte, ich ging zu einem Neurologen, einem Spezialisten, zu jedem Arzt, der mir in den Sinn kam, und das Verfahren dauerte Monate, und ich bekam keine Ergebnisse.

Eine Diagnose konnte nicht gestellt werden. Und ich war sehr unglücklich in diesem Prozess.

Parallel dazu versuchte ich es mit Alternativmedizin, Bioenergie, NPL-Methoden, mit allem, was mir einfiel.

Viele Heilbehandlungen, die ich selbst durchführte, brachten kein positives Ergebnis.

Das Ergebnis war gleich Null.

Ich konnte keinen Kaffee mit einem Freund in einem Café trinken, weil ich die Tasse nicht halten konnte, weil meine Hände zitterten.

Die Leute sahen mich seltsam an und fragten mich, ob ich alkohol- oder drogenabhängig sei.

Das ging über zwei Jahre lang so, und es wurde keine endgültige Lösung gefunden.

Aber ich arbeitete an Mentalen Ebene weiter, das mir in den Sinn kam, ohne aufzugeben.

Eines Abends kam mir der Gedanke, mit dem Modell des Sozialen Panoramas zu arbeiten, das ich von meinem Bruder Seyitali gelernt hatte, ich traf die notwendigen Vorbereitungen dafür und begann mit der Arbeit.

Und bei dieser Mentale Arbeit fand und erkannte ich den Grund für das Zittern meiner Hände.

Es war ein Beschluss, den ich vor Jahren gefasst hatte.

Was war das für ein Beschluss?
Immer, wenn ich mir Vorwürfe mache, sollten meine Hände zittern, damit ich mir bewusst werden kann, dass ich mir Vorwürfe mache.

Meine Hände sollten zittern, um mir mitzuteilen, dass ich mich beschuldige.

Vor zwei Jahren war es der Vorwurf, den ich mir gemacht hatte, als die Person, der ich vertraute, mich verließ.

Als ich diesen Beschluss entdeckte und aufmerksam wurde, fühlte ich mich erleichtert und begann, über mich selbst zu lachen.

Selbst am nächsten Tag lachte ich noch über mich selbst.

Denn meine Seele war leer, sie war entlastet.

Und es war wunderbar.

Meine Hände zittern nicht mehr.

Jetzt kann ich mit Leichtigkeit Tee und Kaffee trinken. ☺

Wie ich bereits erwähnt habe, ist das, was die Seele verletzt und schwächt, die Selbstbeschuldigung.

Die Seele ist dadurch sehr verletzt und zieht sich vom Leben zurück.

Ja, ich hatte mir eine schwierige Aufgabe für dieses Leben vorgenommen und ich war in der Welt verkörpert, um diese Aufgabe zu offenbaren.

Aufgabe:
Das Ereignis im Stammbaum zu finden, das von den Vorfahren und Urgroßvätern begangen wurde, und die Versöhnung zu ermöglichen. Den Fluss der in der Ahnenreihe wiederherstellen und Blockaden beseitigen.

Die Lebensaufgabe zu verstehen und sich darauf vorzubereiten, ist nur möglich, wenn der Mensch reif ist, und das ist nur möglich, wenn er das fünfundvierzigste Lebensjahr überschritten hat.

Es ist für den Mensch erst möglich, wenn er seine wilden, abenteuerlichen Jahre hinter sich lässt, wenn er reif wird, sich selbst zuwendet, sich in seiner Urkraft zuwendet.

Ich war erst bereit, diese Aufgabe zu erfüllen, als ich fünfzig Jahre alt war.

Obwohl ich dreiundzwanzig Jahre lang mentale, spirituelle, bioenergetische Studien betrieben habe.

Ich habe in meinem Buch **"Der Weg der Heilung"** meine spirituellen Studien zusammengefasst, die ich seit vielen Jahren betreibe, und das Feedback meiner Leser hat mich sehr glücklich gemacht.

Denn mein Buch hat viele meiner Leser geleitet und geführt.

kurze Kommentare:
+ Bruder, ich bin froh, dass du dieses Buch geschrieben hast, danke, tolle Erzählung.
+ Dieses Buch war sehr gut für mich, es hat mich geführt.
+ Was ich nicht sagen konnte, hast du in diesem Buch erklärt, vielen Dank, usw.

Obwohl ich schon seit vielen Jahren Spirituell-Arbeit betreibe, war ich noch nicht bereit für die Aufgabe, die ich mir vorgenommen hatte.

In diesem Jahr jedoch erkannte ich, dass ich bereit war, sie zu lösen, und begann, daran zu arbeiten.

Als Ergebnis meiner mehrtägigen Arbeit habe ich folgendes erkannt und verstanden;
Jeder fließt und entwickelt sich in seiner eigenen Stammflusses weiter.

Es ist wie ein Fluss. Er fließt als DNA von Generation zu Generation.

Enttäuschungen und Verbitterungen in der Familie, Flüche und Verfluchungen, Ungerechtigkeit und Schuld.

Diese Zustände und Bedingungen verhindern das Fließen des Flusses der Abstammung. Der behinderte Fluss kehrt in Form von Armut und Dürre in die nächste Generation zurück, d. h. zu ihren Kindern und Enkeln.

Ihre Geschäfte laufen nicht gut, sie sind verarmt, ihre Ehen sind problematisch, usw.

Vor fünf Generationen war einer der Vorfahren/Urgroßväter zu Gast bei einer Familie in einem anderen Dorf.

Bevor er am Abend schlafen ging, bat er die Tochter des Hauses um Milch. Als sie ihm die Milch ins Zimmer bringt, nimmt er sie mit ins Bett.

Am nächsten Morgen verlässt er das Haus. Monate später wird festgestellt, dass das Mädchen schwanger ist.

Die Familie ist in großer Trauer. Sie verneigen sich vor ihren Dorfbewohnern.

Sie sind betrogen worden. Die Familie lässt das Baby des Mädchens abtreiben und wirft sie aus dem Haus.

Sie sperren das Mädchen in eine Hütte außerhalb des Dorfes. Das Mädchen muss alleine hier leben.

Jeden Tag verflucht das Mädchen den Urgroßvater und seine nachkommen. Sie verflucht; "Mögen deine Nachkommen nie das Licht der Welt erblicken, mögen sie kein Brot zu essen haben, mögen sie leiden wie ich usw.".

Ich habe dieses Mädchen über soziale Panorama Modell Technik, kontaktiert und mich bei ihr im Namen der Vorfahren und Großväter entschuldigt.

Ich fragte, was ich für sie tun könne, und sagte, ich wolle es wieder gutmachen.

Das Mädchen hatte auch einige Bitten an mich. Erstens bat sie mich, ihren Namen zu nennen und diese Erfahrung ans Licht zu bringen, und sie bat darum, für sie Gebäck zu verteilen, und dabei ihren Namen erwähne.
Ich teilte diese Situation meiner Familie mit, meine Mutter bereitete Gebäck für das Mädchen vor und verteilte sie, indem sie ihren Namen nannte.

Meine Mutter zündete drei Nächte lang Kerzen in ihrem Namen an. Ich gab sieben Bettlern Münzen und erwähnte dabei ihren Namen.

Als wir das alles erledigt hatten, war ich sehr erleichtert.

Die Zeit wird zeigen, inwieweit sich diese Arbeit im Fluss der Abstammungslinie manifestieren wird.

Die Last der Abstammung wirkt sich definitiv auf jeden Menschen aus.

Dazu haben wir als Brüder aber auch als Aufsteller Team, viele Beispiele dazu erlebt als wir Familien Aufstellungen durchgeführt haben für diejenigen die ihre Blockaden in Familienlinien lösen wollten.

Und wir haben in der Familienaufstellung auch gelernt, dass der Knoten im Stammbaum über Generationen bestehen bleibt, wenn er nicht gelöst wird und den Fluss der Familie blockiert.

Während ich diese Aufgabe als Seele annahm, sagte ich;
"Das Schwierige kann ich lösen, das Unmögliche braucht Zeit"
Als ich es zum ersten Mal im Leben hörte, gefiel es mir sehr gut und ich mochte es.

Jetzt ist mir klar, warum.

2. Die gefangene Seelen

Oh nein, ich dachte, die Seele sei unzerstörbar, mächtig und geschickt und könne nicht besiegt werden.

Was ist jetzt passiert, wie ist sie zum Gefangenen geworden?

Die Seelen kommen in die Welt, um zu lernen, zu experimentieren und sich zu verkörpern.

Wenn das Leben zu Ende geht, verlässt sie den Körper, zu dem sie gehört, und kehrt von Natur aus zu ihrem Ursprung zurück.

Aber das ist nicht immer der Fall.

Nicht alle Seelen kehren zur Quelle zurück, einige bleiben in der Welt, wofür es viele Gründe geben kann.

Die bekanntesten sind plötzliche Todesfälle, d.h. Unfälle, Kämpfe, Messerstechereien, Schießereien usw., oder wenn die Angehörigen der sterbenden, jammern und laut weinen.

Aber es gibt auch die unerkannte Dimension dieser Zustände.

Fortgeschrittene Wesen.

Fortgeschrittene Wesen haben ein Netz von Fallen außerhalb der Welt, rund um die Welt, aufgestellt.

Die Seele, die sich von der Welt wegbewegen will, wird von den Radaren erkannt und hier wird die Falle aktiviert.

Da sie die Seele nicht direkt festhalten können, zeigen sie Lichter, Formen usw., um die Aufmerksamkeit der Seelen auf sich ziehen, so dass die Seele neugierig wird und sich diesem Ding zuwendet.

Als ich im Begriff war, die Welt als Geist zu verlassen, erschienen Lichtgestalten im Vakuum des Raumes, als ob die Lichtgestalt tanzende Formen bilden würde, und ich wandte mich ihr zu.

Ich folgte dem Licht.

In diesem Moment zog mich das Licht an einen Ort, der einem ovalen, transparenten Gebäude ähnelte, und trat durch dessen Tür ein.

Ich folgte also dem Licht und ging hinein.

Im Inneren befanden sich riesige Kreaturen, doppelt so groß und geformt wie ich, mit größeren Köpfen, menschenähnlich, aber sehr groß.

Zuerst waren es drei von ihnen.
Sie boten mir an, wieder auf die Erde zurückzukommen.

Ich lehnte ab.

Dann gab einer von ihnen ein Zeichen, und drei weitere Kreaturen kamen herein.

Sie packten mich, legten mich auf einen Tisch oder etwas Ähnliches, fesselten meine Hände und Füße und gaben mir eine Spritze.

Ich bin halb bewusstlos, aber ich erkenne ihre Stimmen und Bewegungen.

Sie drangen mit violettem Licht in meinen Kopf und mein Gehirn ein und begannen, Befehle zu geben, dieser Vorgang dauerte eine kurze Zeit.

In meinem Halbbewußtsein konnte ich noch nicht verstehen, was sie taten.

Danach fand ich mich wieder in der Welt verkörpert.

Sie hatten mich in die Welt zurückgeschickt.

Später erinnerte ich mich daran, was sie mit mir machten und welche Befehle sie mir gaben.

Die Befehle, die sie mir gaben;
Du bist arm, versuche nicht, reich zu werden, bleibe ein Arbeiter, du bist nichts, du bist wertlos, du bist unfähig, du bist nutzlos.

Indem sie meine Aufmerksamkeit mit Licht auf sich zogen, brachten sie mich in ihre speziell eingerichteten Laboratorien.

Mit dem Befehl, den sie mir gaben, hatten sie diese Befehle so verarbeitet, dass ich mich im

Leben als machtlos und unfähig akzeptieren würde.

Denn meine Seele würde sich nicht an ihre eigene Macht erinnern, würde nicht schöpferisch sein und würde sich als hilflos akzeptieren.

Es war ein Täuschungsprogramm, um die Kraft der Seele zu brechen, um sie zu manipulieren.

Und überhaupt, als Gesellschaft lieben wir es, unseren Kindern diese Befehle zu erzählen; Du bist nichts, du kannst das nicht.

"Wie Cem Karaca in seinem Lied sang; Du bist ein Arbeiter, bleib ein Arbeiter, trage die Latzhose

Und als Gesellschaft lieben wir es, pessimistisch zu sein.

Wohingegen der Geist; trägt das Universum in sich, ist kreativ, kraftvoll.

Abschluss / Letztes Wort

Ich brauchte für das, was ich geschrieben habe, keine Quellenangaben zu machen.

Denn ich habe es nicht aus dem Internet übernommen.
Ich habe es nirgendwo und von niemandem übernommen.

Es handelt sich nicht um eine akademische, wissenschaftliche Forschung, eine Doktorarbeit, eine wissenschaftliche Arbeit oder eine Masterarbeit.

Was ich geschrieben habe, ist ausschließlich mein eigenes Wissen, meine eigenen Erfahrungen und Erkenntnisse.

Mögen euer Licht und eure Energie im Überfluss vorhanden sein.
Mit Licht und Liebe und einem anhaltenden Lächeln 😊

Pirzade Erbektaş

Pirzade Erbektaş

WEG DER HEILUNG

Reise in die innere Welt

Selbstentwicklung